AF284868

Impressum
Verlag: BABADADA GmbH, Nedderfeld 112 , 22529 Hamburg
Geschäftsführer / Verlagsleitung: Harald Hof
Druck: Books on Demand GmbH, In de Tarpen 42, 22848 Norderstedt

Imprint
Publisher: BABADADA GmbH, Nedderfeld 112 , 22529 Hamburg, Germany
Managing Director / Publishing direction: Harald Hof
Print: Books on Demand GmbH, In de Tarpen 42, 22848 Norderstedt

de Klassenstuuv
classroom

delen
divide

186/2

de Tafel
board

de Schoolhoff
school yard

de Schoolmeester
teacher

dat Papeer
paper

schrieven
write

de Sticken
pen

de Schrievdisch
desk

dat Lienholt
ruler

dat Book
book

de Schöler
pupil

de Ranzel

satchel

de Feddermapp

pencil case

de Bleesticken

pencil

de Scharpmaker

pencil sharpener

dat Radeergummi

rubber

de Tekenblock

drawing pad

de Teken

drawing

de Pinsel

paintbrush

de Malkassen

paint box

de Scheer

scissors

de Klever

glue

dat Heft to'n Öven

exercise book

de Huusopgaav

homework

de Tall

number

tohooptellen

add

aftrecken

subtract

malnehmen

multiply

reken

calculate

de Bookstaav

letter

dat ABC

alphabet

dat Woort

word

de Text

text

lesen

read

de Kried

chalk

de Stunn

lesson

dat Klassenbook

register

de Pröven

examination

dat Tüügnis

certificate

de Schooluniform

school uniform

de Utbillen

education

dat Nakieksel

encyclopedia

de Universität

university

dat Mikroskop

microscope

de Koort

map

de Papeerkorf

waste-paper basket

dat Hotel
hotel

de Harbarg
hostel

de Wesselstuuv
currency exchange office

de Kuffer
suitcase

dat Auto
car

de Spraak
language

jo / ne
yes / no

Jo
Okay

Moin
hello

de Översetter
translator

Dank ok
Thank you

Wat kost…?

how much is…?

Ik verstah nich

I don´t get it

dat Problem

problem

Goden Avend

Good evening!

Moin!

Good morning!

Gode Nacht!

Good night!

Tschüüs

goodbye

de Richt

direction

de Bagaasch

luggage

de Tasch

bag

de Rüchsack

backpack

de Gast

guest

de Stuuv

room

de Slaapsack

sleeping bag

dat Telt

tent

de Touristeninformatschoon

tourist information

de Strand

beach

de Kreditkoort

credit card

dat Fröhstück

breakfast

dat Meddageten

lunch

dat Avendeten

dinner

de Fohrkort

Ticket

de Fohrstohl

elevator

de Breefmark

stamp

de Grenz

border

de Toll

customs

de Bottschop

embassy

dat Visum

visa

de Pass

passport

de Fleger
airplane

dat Schipp
ship

dat Füerwehrauto
fire truck

de Autobus
bus

de Lastwagen
truck

dat Motoorboot
motorboat

dat Fohrrad
bike

dat Auto
car

de Fähr

ferry

dat Boot

boat

dat Motoorrad

motorbike

dat Polizeiauto

police car

dat Rönnauto

racing car

de Lehnwagen

rental car

dat Carsharing

car sharing

de Afsleepwagen

tow truck

dat Müllauto

garbage truck

de Motoor

engine

de Kraftstoff

fuel

de Tanksteed

fuel station

dat Verkehrsschild

traffic sign

de Verkehr

traffic

de Stau

traffic jam

de Afstellplatz

parking lot

de Bahnhoff

train station

de Sporen

tracks

de Tog

train

de Stratenbahn

tram

de Wagon

wagon

de Dwarsmöhl

helicopter

de Flooghaven

airport

de Tower

tower

de Fohrgast

passenger

de Grootkist

container

de Karton

carton

de Koor

cart

de Korf

basket

starten / lannen

take off / land

de Stadt
city

dat Dörp

village

de Binnenstadt

city center

dat Huus

house

dat Kino — movie theater

de Warf — advert

de Stratenlatücht — street light

de Straat — street

dat Taxi — taxi

de Kiosk — snack shop

de Footgänger — pedestrian

de Börgerstieg — sidewalk

de Zebrastriepen — zebra crossing

de Mülltunn — dumpster

de Krüzen — crossing

de Wessellücht — traffic lights

de Hütt

hut

de Wahnung

apartment

de Bahnhoff

train station

dat Raathuus

city hall

dat Museum

museum

de School

school

de Stadt - city

de Universität

university

de Bank

bank

dat Krankenhuus

hospital

dat Hotel

hotel

de Afteek

pharmacy

dat Büro

office

de Bookhökerie

book shop

de Hökerie

shop

de Blomenhökerie

flower shop

de Supermarkt

supermarket

de Markt

market

dat Koophuus

department store

de Fischhökerie

fishmonger's shop

dat Inkoopszentrum

mall

de Haven

harbor

de Parkanlaag

park

de Bank

bench

de Brüch

bridge

de Trepp

stairs

de Ünnergrundbahn

subway

de Tunnel

tunnel

de Busstoppsteed

bus stop

de Bar

bar

dat Spieslokal

restaurant

de Breefkassen

postbox

dat Stratenschild

street sign

de Parkklock

parking meter

de Deertenpark

zoo

de Baadanstalt

swimming pool

de Moschee

mosque

de Stadt - city

de Buernhoff

farm

de Ümweltversmudden

pollution

de Karkhoff

cemetery

de Kark

church

de Speelplatz

playground

de Tempel

temple

de Landschop
landscape

dat Blatt
leaf

de Wiespahl
signpost

de Weg
path

de Wisch
meadow

de Steen
stone

de Boom
tree

de Wannerer
hiker

de Fluss
river

dat Gras
grass

de Bloom
flower

dat Daal

valley

de Barg

hill

de See

lake

dat Holt

forest

de Wööst

desert

de Füerspien Barg

volcano

dat Slott

castle

de Regenbagen

rainbow

de Poggenstohl

mushroom

de Palm

palm tree

de Steekmück

mosquito

de Fleeg

fly

de Miegeemk

ant

de Imm

bee

de Spinn

spider

de Sebber

beetle

de Pogg

frog

de Katteker

squirrel

de Swienegel

hedgehog

de Haas

hare

de Uul

owl

de Vagel

bird

de Swaan

swan

dat Wildswien

boar

de Hirsch

deer

de Elk

moose

de Staudamm

dam

dat Windrad

wind turbine

dat Solarmodul

solar panel

dat Klima

climate

de Kellner
waiter

de Spieskoort
menu

de Stohl
chair

de Supp
soup

de Pizza
pizza

dat Bestick
cutlery

de Dischdeek
tablecloth

de Vörspies

starter

dat Haupteten

main course

de Nadisch

dessert

de Drünk

drinks

dat Eten

food

de Buddel

bottle

dat Fastfood

fast food

dat Strateneten

street food

de Teekann

teapot

de Zuckerdoos

sugar bowl

de Portschoon

portion

de Espressomaschien

espresso machine

de Hoochstohl

high chair

de Reken

bill

dat Tablett

tray

dat Mess

knife

de Gavel

fork

de Lepel

spoon

de Teelepel

teaspoon

dat Munddook

serviette

dat Glas

glass

de Töller

plate

de Suppentöller

soup plate

de Ünnertass

saucer

de Sooß

sauce

de Soltstreuer

salt shaker

de Pepermöhl

pepper mill

de Etig

vinegar

dat Ööl

oil

de Krüder

spices

de Ketchup

ketchup

de Mostrich

mustard

de Mayonnaise

mayonnaise

dat Anbott
special offer

de Kunn
customer

de Melkprodukten
dairy products

dat Aaft
fruit

de Inkoopswagen
shopping cart

FOR

de Slachterie

butcher's shop

de Bäckerie

bakery

wegen

weigh

de Gröönsaken

vegetables

dat Fleesch

meat

de Deepköhlkost

frozen food

de Opsnitt

cold cuts

de Konserven

canned food

de Waschmiddel

detergent

de Snoopkraam

candy

de Huushooltssaken

household products

de Reinmaaktüüch

cleaning products

de Verköpersche

sales representative

de Kass

cash register

de Kasserer

cashier

de Inkoopslist

shopping list

de Opsparrtieden

opening hours

de Breeftasch

wallet

de Kreditkoort

credit card

de Tasch

bag

de Plastiktüüt

plastic bag

de Drünk

drinks

dat Water

water

de Saft

juice

de Melk

milk

de Cola

coke

de Wien

wine

dat Beer

beer

de Spriet

alcohol

de Kakao

cocoa

de Tee

tea

de Koffie

coffee

de Espresso

espresso

de Cappucino

cappuccino

de Banaan

banana

de Appel

apple

de Appelsien

orange

de Meloon

melon

de Zitroon

lemon

de Wöttel

carrot

de Knuuvlook

garlic

de Bambus

bamboo

de Zibbel

onion

de Poggenstohl

mushroom

de Nööt

nuts

de Nudeln

noodles

de Spaghetti

spaghetti

de Ries

rice

de Salat

salad

de Pommes frites

fries

de Braadkantüffeln

fried potatoes

de Pizza

pizza

de Hamborger

hamburger

dat Sandwich

sandwich

dat Snitzel

escalope

de Schinken

ham

de Salami

salami

de Wust

sausage

dat Hohn

chicken

de Braden

roast

de Fisch

fish

de Haverflocken

porridge oats

dat Müsli

muesli

de Cornflakes

cornflakes

dat Mehl

flour

de Croissant

croissant

dat Rundstück

bread roll

dat Broot

bread

dat Toast

toast

de Keksen

cookies

de Botter

butter

de Quark

curd

de Koken

cake

dat Ei

egg

dat Spegelei

fried egg

de Kees

cheese

dat Eten - food

de Ies

ice cream

de Zucker

sugar

de Honnig

honey

de Marmelaad

jelly

de Nougat-Creme

nougat cream

dat Curry

curry

dat Buernhuus
farm house

de Schüün
barn

de Strohballen
straw bale

dat Feld
field

dat Peerd
horse

de Hänger
trailer

dat Fahlen
foal

de Trecker
tractor

de Esel
donkey

dat Schaap
sheep

dat Lamm
lamb

de Zeeg

goat

de Koh

cow

dat Kalf

calf

dat Swien

pig

dat Farken

piglet

de Bull

bull

de Goos

goose

de Aant

duck

dat Küken

chick

dat Hohn

hen

de Hahn

cockerel

de Rott

rat

de Katt

cat

de Muus

mouse

de Oss

ox

de Hund

dog

de Hunnenhütt

dog house

de Goornslauch

garden hose

de Geetkann

watering can

de Lee

scythe

de Ploog

plow

de Sich

sickle

de Hack

hoe

de Mestfork

pitchfork

de Ext

axe

de Schuufkoor

pushcart

de Trog

trough

de Melkkann

milk can

de Sack

sack

de Tuun

fence

de Stall

stable

dat Drievhuus

greenhouse

de Bodden

soil

de Saat

seed

de Dünger

fertilizer

de Meihdöscher

combine harvester

oornen

harvest

de Oorn

harvest

de Yamswöttel

yams

de Weten

wheat

dat Soja

soya

de Kantüffel

potato

de Törksche Weten

corn

de Rapp

rapeseed

de Aaftboom

fruit tree

de Troopsch Kantüffel

manioc

dat Koorn

grain

de Schosteen
chimney

dat Dack
roof

de Regenrönn
downspout

dat Finster
window

de Garaasch
garage

de Döörklock
doorbell

de Döör
door

de Müllemmer
trash can

de Breefkassen
mailbox

de Goorn
garden

de Wahnstuuv

living room

de Baadstuuv

bathroom

de Köök

kitchen

de Slaapstuuv

bedroom

de Kinnerstuuv

kids room

de Eetstuuv

dining room

de Footbodden

floor

de Wand

wall

de Deek

ceiling

de Keller

cellar

dat Hittluftbad

sauna

de Balkon

balcony

de Terrass

terrace

dat Swümmbad

pool

de Rasenmeiher

lawn mower

de Bettbetog

sheet

de Bettdeek

bedspread

de Puuch

bed

de Bessen

broom

de Emmer

bucket

de Schalter

switch

de Tapeet
wallpaper

dat Bild
picture

de Lamp
lamp

dat Regal
shelf

dat Schapp
cabinet

de Kamin
fireplace

de Kiekkassen
television

de Bloom
flower

dat Küssen
cushion

dat Sofa
sofa

de Vaas
vase

de Feernbedenen
remote control

de Teppich
carpet

de Vörhang
drape

de Disch
table

de Stohl
chair

de Schuckelstohl
rocking chair

de Sessel
armchair

dat Book

book

de Deek

blanket

de Dekoratschoon

decoration

dat Füerholt

firewood

de Film

film

de Stereoanlaag

stereo system

de Slötel

key

dat Narichtenblatt

newspaper

dat Gemälde

painting

dat Poster

poster

dat Radio

radio

de Opschrievblock

notebook

de Huulbessen

vacuum cleaner

de Kaktus

cactus

de Kars

candle

dat Köhlschapp
fridge

de Mikrowell
microwave oven

de Kökenwaag
kitchen scales

de Toaster
toaster

dat Reinmaakmiddel
laundry detergent

de Backaven
stove

dat Gefreerfack
freezer

de Müllemmer
trash can

de Opwaschmaschien
dishwasher

de Heerd

cooker

de Pott

pot

de Gussiesern Putt

cast-iron pot

de Wok / Kadai

wok / kadai

de Pann

pan

de Waterkaker

kettle

de Dampkaakputt

steamer

dat Backblick

baking tray

dat Geschirr

crockery

de Beker

mug

de Schaal

bowl

de Eetsticken

chopsticks

de Suppenkell

ladle

de Pannenwenner

spatula

de Sneebessen

whisk

dat Kaakseef

strainer

dat Seef

sieve

de Riev

grater

de Mörser

mortar

de Grill

barbecue

de Füerstell

fireplace

dat Sniedbrett

chopping board

dat Nudelholt

rolling pin

de Proppentrecker

corkscrew

de Doos

can

de Dosenaapner

can opener

de Pottlappen

oven cloth

dat Waschbecken

sink

de Böst

brush

de Swamm

sponge

de Mixer

blender

dat Iesschapp

deep freezer

de Nuckelbuddel

baby bottle

de Waterhahn

tap

de Heizung
heating

dat Handdook
towel

de Bruus
shower

dat Schuumbad
bubble bath

de Bruusvörhang
shower curtain

de Baadwann
bathtub

dat Glas
glass

de Waschmaschien
washing machine

de Waterhahn
tap

de Fliesen
tiles

de lütte Putt
potty

dat Waschbecken
sink

de Tante Meier
toilet

de Hockklo
squat toilet

dat Bidet
bidet

dat Miegbecken
urinal

dat Klopapeer
toilet paper

de Kloböst
toilet brush

de Tähnböst

toothbrush

de Tähnpast

toothpaste

de Tähnsied

dental floss

waschen

wash

de Handbruus

hand shower

de Intimbruus

douche

de Waschschöttel

basin

de Rüchböst

back brush

de Seep

soap

dat Bruusgeel

shower gel

dat Hoorwaschmiddel

shampoo

de Waschlappen

flannel

de Afloop

drain

de Creme

creme

dat Deodorant

deodorant

de Spegel

mirror

de Kosmetikspegel

hand mirror

de Raserer

razor

de Raseerschuum

shaving foam

dat Raseerwater

aftershave

de Kamm

comb

de Böst

brush

de Hoordröger

hair-dryer

dat Hoorspray

hairspray

de Smink

makeup

de Lippensticken

lipstick

de Nagellack

nail varnish

de Watt

cotton wool

de Nagelscheer

nail scissors

dat Rüükwater

perfume

de Kulturbüdel

washbag

de Schemel

stool

de Waag

weighing scales

de Baadmantel

bathrobe

de Gummihanschen

rubber gloves

de Tampon

tampon

de Damenbinn

sanitary towel

dat Chemieklo

chemical toilet

de Wecker
alarm clock

dat Knudeldeert
cuddly toy

dat Speeltüüchauto
toy car

de Klöter
rattle

dat Poppenhuus
doll's house

dat Geschenk
present

de Luftballon
balloon

de Puuch
bed

de Kinnerwagen
stroller

dat Koortenspeel
deck of cards

dat Puzzle
jigsaw

de Billergeschicht
comic

de Legostenen

lego bricks

de Bustenen

toy blocks

de Action-Figur

action figure

de Strampelantog

romper suit

de Frisbeeschiev

frisbee

dat Mobile

mobile

dat Brettspeel

board game

de Wörpel

dice

de Modelliesenbahn

model train set

de Snuller

pacifier

de Party

party

dat Billerbook

picture book

de Ball

ball

de Popp

doll

spelen

play

de Sandkassen

sandpit

de Schuckel

swing

dat Speeltüüch

toys

de Speelkonsool

video game console

dat Dreerad

tricycle

de Teddyboor

teddy bear

dat Klederschapp

wardrobe

dat Tüüch

clothing

de Socken

socks

de Strümp

stockings

de Strumpbüx

tights

dat Halsdook
scarf

de Liefreem
belt

de Paraplü
umbrella

dat T-Shirt
t-shirt

de Turnschoh
sneakers

de Stevel
boots

de Puuschen
slippers

de Sandalen
....
sandals

de Schoh
....
shoes

de Gummistevel
....
rubber boots

de Ünnerbüx
....
underwear

de Bostholler
....
bra

dat Ünnerhemd
....
undershirt

dat Tüüch - clothing

45

de Lief

body

de Büx

pants

de Jeansnüx

jeans

de Rock

skirt

de Bluus

blouse

dat Hemd

shirt

de Pullover

pullover

de Kapuzenpullover

sweater

de Blazer

blazer

de Jack

jacket

de Mantel

coat

de Övertrecker

raincoat

dat Kostüm

costume

dat Kleed

dress

dat Hochtietskleed

wedding dress

de Antog

suit

dat Nachtkleed

nightgown

de Slaapantog

pajamas

de Sari

sari

dat Koppdook

headscarf

de Turban

turban

de Burka

burka

de Kaftan

kaftan

de Abaya

abaya

de Baadantog

swimsuit

de Baadbüx

trunks

de Korte Büx

shorts

de Antog to'n Öven

tracksuit

de Schört

apron

de Handschoh

gloves

de Knopp

button

de Brill

glasses

dat Armband

bracelet

de Halskeed

necklace

de Ring

ring

de Ohrbummel

earring

de Mütz

cap

de Klederbögel

coat hanger

de Hoot

hat

de Binner

tie

de Rietslüter

zip

de Helm

helmet

dat Drachtband

braces

de Schooluniform

school uniform

de Uniform

uniform

de Severböten
bib

de Snuller
pacifier

de Winnel
diaper

dat Büro
office

de Server
server

dat Aktenschapp
filing cabinet

de Drucker
printer

dat Papeer
paper

de Bildschirm
monitor

de Schrievdisch
desk

de Muus
mouse

de Orner
folder

dat Knoopboord
keyboard

de Papeerkorf
waste-paper basket

dat Computer
computer

de Stohl
chair

de Koffiebeker
coffee mug

de Taschenreekner
calculator

dat Internet
internet

de Klappreekner

laptop

de Breef

letter

de Naricht

message

de Ackersnacker

cell phone

dat Nettwark

network

de Kopeerapparat

photocopier

de Software

software

de Klöönkassen

telephone

de Steekdoos

plug socket

de Faxapparat

fax machine

dat Formulor

form

dat Dokument

document

köpen

buy

betahlen

pay

hanneln

trade

dat Geld

money

 USD

de Dollar

dollar

 EUR

de Euro

euro

 JPY

de Yen

yen

 RUB

de Ruvel

rouble

 CHF

de Swiezer Franken

Swiss franc

 CNY

de Renminbi Yuan

renminbi yuan

 INR

de Rupie

rupee

de Geldautomat

cash point

de Wesselstuuv

currency exchange office

dat Gold

gold

dat Sülver

silver

dat Ööl

oil

de Energie

energy

de Pries

price

de Verdrag

contract

de Stüer

tax

de Andeelschien

stock

arbeiden

work

de Anstellte

employee

de Arbeitgever

employer

de Fabrik

factory

de Hökerie

shop

de Wachtmeester
police officer

de Füerwehrmann
fireman

de Kock
cook

de Dokter
doctor

de Fleger
pilot

de Goorner

gardener

de Discher

carpenter

de Neihersche

seamstress

de Richter

judge

de Chemiker

chemist

de Schauspeler

actor

de Busfohrer

bus driver

de Taxifohrer

taxi driver

de Fischer

fisherman

de Reinmaakfru

cleaning lady

de Dackdecker

roofer

de Kellner

waiter

de Jäger

hunter

de Maler

painter

de Bäcker

baker

de Elektriker

electrician

de Buarbeider

builder

de Ingenieur

engineer

de Slachter

butcher

de Klempner

plumber

de Postbüdel

postman

de Suldat

soldier

de Architekt

architect

de Kasserer

cashier

de Florist

florist

de Putzbüdel

hairdresser

de Schaffner

conductor

de Mechaniker

mechanic

de Kaptein

captain

de Tähndokter

dentist

de Wetenschopler

scientist

de Rabbi

rabbi

de Imam

imam

de Mönk

monk

de Paap

pastor

tools

de Hamer
hammer

de Tang
pliers

de Schruvendreiher
screwdriver

de Taschenlamp
torch

de Schruvenslötel
wrench

de Grieper

excavator

de Warktüüchkassen

toolbox

de Ledder

ladder

de Saag

saw

de Nagels

nails

de Bohrer

drill

heelmaken

repair

de Schüffel

shovel

Schiet!

Damn!

dat Kehrblick

dustpan

de Farvpott

paint can

de Schruven

screws

de Musikinstrumenten
musical instruments

dat Slagtüüch
drum set

de Luutsnacker
loud speaker

de Rietfiedel
guitar

de Bass-Vigelien
double bass

de Trumpeet
trumpet

dat Klaveer

piano

de Vigelien

violin

de Bass

bass

de Pauk

timpani

de Trummeln

drums

dat Keyboard

keyboard

dat Saxophon

saxophone

de Fleut

flute

dat Mikrofoon

microphone

de Ingang
entrance

de Tiger
tiger

de Käfig
cage

dat Zebra
zebra

dat Deertenfoder
animal feed

de Panda-Boor
panda

de Deerten

animals

de Elefant

elephant

dat Känguru

kangaroo

dat Neeshoorn

rhino

de Gorilla

gorilla

de Boor

bear

dat Kameel

camel

de Struuß

ostrich

de Lööv

lion

de Aap

monkey

de Flamingo

flamingo

de Papagoi

parrot

de Iesboor

polar bear

de Pinguin

penguin

de Haifisch

shark

de Pageluun

peacock

de Slang

snake

dat Krokodil

crocodile

de Oppasser in'n
Deertenpark

zookeeper

de Saalhund

seal

de Jaguor

jaguar

dat Pony

pony

de Leopard

leopard

dat Nilpeerd

hippo

de Giraff

giraffe

de Aadler

eagle

dat Wildswien

boar

de Fisch

fish

de Schildkrööt

turtle

dat Walross

walrus

de Voss

fox

de Gazell

gazelle

de Amerikaansch Football
American football

dat Radfohren
cycling

dat Tennis
tennis

de Korfball
basketball

dat Swümmen
swimming

dat Boxen
boxing

dat Ieshockey
ice hockey

de Football
·············
soccer

dat Fedderball
·············
badminton

de Leichtathletik
·············
athletics

de Handball
·············
handball

dat Skilopen
·············
skiing

dat Polo
·············
polo

springen
jump

lachen
laugh

ümarmen
hug

gahn
walk

singen
sing

drömen
dream

beden
pray

snuteln
kiss

schrieven	teken	wiesen
write	draw	show
drücken	geven	nehmen
push	give	take

hebben

have

doon

do

sien

be

stahn

stand

lopen

run

trecken

pull

smieten

throw

fallen

fall

liggen

lie

töven

wait

dregen

carry

sitten

sit

antrecken

get dressed

slapen

sleep

opwaken

wake up

ankieken

look at

wenen

cry

eien

stroke

kämmen

comb

snacken

talk

verstahn

understand

fragen

ask

hören

listen

drinken

drink

eten

eat

oprümen

tidy up

leefhebben

love

kaken

cook

fohren

drive

flegen

fly

de Aktivitäten - activities

65

segeln

sail

reken

calculate

lesen

read

lehren

learn

arbeiden

work

de Plünnen tohoopsmieten

marry

neihen

sew

Tähnen putzen

brush teeth

dootmaken

kill

smöken

smoke

schicken

send

e Grootmoder
randmother

de Grootvadder
grandfather

de Vadder
father

de Moder
mother

at Winnelkind
aby

de Dochter
daughter

de Söhn
son

de Gast

guest

de Tant

aunt

de Unkel

uncle

de Broder

brother

de Süster

sister

de Vörkopp
forehead

dat Oog
eye

de Schuller
shoulder

de Finger
finger

dat Gesicht
face

dat Kinn
chin

de Hand
hand

de Bost
breast

dat Been
leg

de Arm
arm

dat Winnelkind

baby

de Mann

man

de Fro

woman

de Deern

girl

de Jung

boy

de Arm

head

de Rüch

back

de Buuk

belly

de Navel

navel

de Teh

toe

de Hack

heel

de Knaken

bone

de Hüft

hip

dat Knee

knee

de Ellbagen

elbow

de Nees

nose

de Achtersen

buttocks

de Huut

skin

de Back

cheek

dat Ohr

ear

de Lipp

lip

de Mund

mouth

de Tähn

tooth

de Tung

tongue

de Bregen

brain

dat Hart

heart

de Muskel

muscle

de Lung

lung

de Lever

liver

de Maag

stomach

de Neren

kidneys

de Bislaap

sex

dat Kondoom

condom

de Eizell

ovum

dat Sperma

semen

de Anner Ümstänn

pregnancy

de Menstruatschoon

menstruation

de Scheed

vagina

de Pint

penis

de Ogenbroe

eyebrow

dat Hoor

hair

de Hals

neck

dat Krankenhuus
hospital

de Krankenwagen
ambulance

de Rullstohl
wheelchair

de Bruch
fracture

de Dokter

doctor

de Nootopnahm

emergency room

de Krankensüster

nurse

de Nootfall

emergency

ahnmächtig

unconscious

de Wehdaag

pain

de Verwunnen

injury

de Blöden

bleeding

de Hartinfarkt

heart attack

de Slaganfall

stroke

de Allergie

allergy

de Hoosten

cough

dat Fever

fever

de Gripp

flu

de Dörchfall

diarrhea

de Koppwehdaag

headache

de Kreeft

cancer

de Zuckersüük

diabetes

de Chirurg

surgeon

dat Chirurgsch Mess

scalpel

de Operatschoon

operation

dat CT

CT

de Dörchlüchten

x-ray

de Ultraschall

ultrasound

de Mask

face mask

de Krankheit

disease

de Töövruum

waiting room

de Krück

crutch

dat Plaaster

plaster

de Verband

bandage

de Insprütten

injection

dat Stethoskop

stethoscope

de Draag

stretcher

dat Feverthermometer

clinical thermometer

de Geboort

birth

dat Övergewicht

overweight

de Höörapparat

hearing aid

dat Kiemfriemiddel

disinfectant

de Ansteken

infection

de Virus

virus

dat HIV / AIDS

HIV / AIDS

dat Heelmiddel

medicine

de Impen

vaccination

de Tabletten

tablets

de Pill

pill

de Nootroop

emergency call

de Blootdruck-Meter

blood pressure monitor

krank / gesund

ill / healthy

Hölp!

Help!

de Alarm

alarm

de Överfall

assault

de Angreep

attack

de Gefohr

danger

de Nootutgang

emergency exit

dat Füer!

Fire!

de Füerlöscher

fire extinguisher

de Unfall

accident

de Noothölpkoffer

first-aid kit

SOS

SOS

de Polizei

police

Europa

Europe

Noordamerika

North America

Süüdamerika

South America

Afrika

Africa

Asien

Asia

Australien

Australia

de Atlantik

Atlantic

de Pazifik

Pacific

dat Indisch Weltmeer

Indian Ocean

dat Antarktisch Weltmeer

Antarctic Ocean

dat Arktisch Weltmeer

Arctic Ocean

de Noordpol

North pole

de Süüdpol

South pole

de Antarktis

Antarctica

de Eerd

earth

dat Land

land

de See

sea

dat Eiland

island

de Natschoon

nation

de Staat

state

dat Tallenblatt

clock face

de Stunnenwieser

hour hand

de Minutenwieser

minute hand

de Sekunnenwieser

second hand

Wo laat is dat?

What time is it?

de Dag

day

de Tiet

time

nu

now

de digetaalsch Klock

digital watch

de Minuut

minute

de Stunn

hour

de Maandag
Monday

de Middeweek
Wednesday

de Friedag
Friday

de Dingsdag
Tuesday

de Sünnavend
Saturday

de Dunnersdag
Thursday

de Sünndag
Sunday

güstern

yesterday

hüüt

today

morgen

tomorrow

de Morgen

morning

de Meddag

noon

de Avend

evening

de Arbeitsdaag

workdays

dat Wekenenn

weekend

de Regen
rain

de Regenbagen
rainbow

de Snee
snow

de Wind
wind

dat Fröhjohr
spring

de Harvst
fall

de Sommer
summer

de Winter
winter

de Wedervörhersaag

weather forecast

dat Thermometer

thermometer

de Sünnenschien

sunshine

de Wulk

cloud

de Nevel

fog

de Luftfuchtigkeit

humidity

de Blitz

lightning

de Dunner

thunder

de Storm

storm

de Hagel

hail

de Monsun

monsoon

de Floot

flood

dat Ies

ice

de Januormaand

January

de Februormaand

February

de Martmaand

March

de Aprilmaand

April

de Maimaand

May

de Junimaand

June

de Julimaand

July

de Augustmaand

August

dat Johr - year

de Septembermaand

September

de Oktobermaand

October

de Novembermaand

November

de Dezembermaand

December

de Formen
shapes

de Krink

circle

dat Quadrat

square

dat Rechteck

rectangle

dat Dreeeck

triangle

de Kugel

sphere

de Wörpel

cube

witt

white

geel

yellow

orangsch

orange

pink

pink

root

red

lila

purple

blau

blue

gröön

green

bruun

brown

gries

gray

swart

black

veel / wenig

a lot / a little

böös / verdreeglich

angry / calm

smuck / mies

beautiful / ugly

de Begünn / dat Enn

beginning / end

groot / lütt

big / small

hell / düüster

bright / dark

de Broder / de Süster

brother / sister

schier / schietig

clean / dirty

kumpleet / nich kumpleet

complete / incomplete

de Dag / de Nacht

day / night

doot / lebennig

dead / alive

breet / small

wide / narrow

geneetbor / nich geneetbor

edible / inedible

böös / fründlich

evil / kind

fickerig / langwielt

excited / bored

dick / dünn

fat / thin

toeerst / toletzt

first / last

de Fründ / de Fiend

friend / enemy

vull / leddig

full / empty

hart / week

hard / soft

swoor / licht

heavy / light

de Smacht / de Döst

hunger / thirst

krank / gesund

ill / healthy

nich na't Recht / na't Recht

illegal / legal

klook / dummerhaftig

intelligent / stupid

linkerhand / rechterhand

left / right

neeg / feern

near / far

nieg / bruukt

new / used

nix / wat

nothing / something

oolt / jung

old / young

an / ut

on / off

apen / slaten

open / closed

lies / luut

quiet / loud

riek / arm

rich / poor

richtig / verkehrt

right / wrong

ruug / glatt

rough / smooth

trurig / glücklich

sad / happy

kort / lang

short / long

suulje / flink

slow / fast

natt / dröög

wet / dry

warm / köhl

warm / cool

de Krieg / de Freden

war / peace

0

null
zero

1

een
one

2

twee
two

3

dree
three

4

veer
four

5

fief
five

6

söss
six

7

söven
seven

8

acht
eight

9

negen
nine

10

teihn
ten

11

ölven
eleven

12

twölf

twelve

13

dörteihn

thirteen

14

veerteihn

fourteen

15

föffteihn

fifteen

16

sössteihn

sixteen

17

söventeihn

seventeen

18

achtteihn

eighteen

19

negenteihn

nineteen

20

twintig

twenty

100

hunnert

hundred

1.000

dusend

thousand

1.000.000

million

million

dat Engelsch

English

dat Amerikaansch Engelsch

American English

dat Chineesch Mandarin

Chinese Mandarin

dat Hindi

Hindi

dat Spaansch

Spanish

dat Franzöösch

French

dat Araabsch

Arabic

dat Rusch

Russian

dat Portugiesch

Portuguese

dat Bengaalsch

Bengali

dat Düütsch

German

dat Japaansch

Japanese

ik

I

du

you

he / se / dat

he / she / it

wi

we

ji

you

se

they

keen?

who?

wat?

what?

woans?

how?

woneem?

where?

wannehr?

when?

de Naam

name

achter

behind

in

in

vör

in front of

över

over

op

on

ünner

under

blangen

beside

twüschen

between

de Oort

place